휘어짐의 일상

이정지 시집

휘어짐의 일상

▌이정지 시집▐

저자 이 정 지

발행 2017년 1월 5일
교정 높이깊이
편집디자인 편집부
표지디자인 편집부

발행처 높이깊이
발행인 김 덕 중

출판등록 제4-183호

주소 서울 성동구 성수1가동 22-6 우편번호 133-819
전화 02)463-2023(代) 팩스 02)2285-6244

E-mail djysdj@naver.com

정가 8,000원

ISBN 978-89-7588-355-2

휘어짐의 일상

이정지 시집

차례

제1부 한 사람

제2부 빗속에서 함께

제3부 새벽인사

제4부 젊은 추억

제1부

소나무의 속삭임

천년을 버티어
숲을 이룬 것은
휘어짐의 일상

꺾여지고 굽어져
쓰러질 듯한 부끄러움
항시 다잡고 있다

고개 숙인 눈꽃

눈도 보고
너도 보면 좋겠어

나 혼자 이 하얀 빛
어찌 감당하라고

눈빛 속에 반짝이는 것
다 너의 아픔 꽃인데

혹한 속에 고개 숙인 널
어찌 찾아 풀어 줄까

아기 꽃

세상에서
제일 귀한 꽃
방긋방긋 인(人)꽃
아장아장 아기 꽃

어떤 꽃이
예쁘냐고 묻는다면
당연히 인(人)꽃
아장아장 아기 꽃

돌고 돌아
아무리 돌아봐도
젤 빛난 꽃
아장아장 아기 꽃

이곳저곳에
피어난
맑은 기운
아장아장 아기 꽃

도대체 왜

꿈길
꽃길
산길
논길
숲속길
계곡길
수변길
둘레길
마실길
해변길
구름길
바람길
하늘길

도대체
어디로 가고 싶어
이렇게
길만 찾을꼬오

달빛 고운 밤

열어 놓은 창문 너머
맑고 하얀 둥근 달

왜 이리 밝고 고아요
홀로 지켜보는 차가운 이 밤

어찌 잠이 오겠어요
날 이리 부르는데요

님에게 보여주고 싶은데
다른 방도가 없네요

적막 속에 느껴지는 이 기분
고운 빛에 빠져버린 이 마음

첩첩 산중 능선 자락이라서 그런가요

이 마음 어찌 붙잡을까요
어여 일어나 알려줘봐요

한눈팔면 진다

새벽,
너를 맞이한다는 것은
나를 찾아가는 시간

홀로,
너를 기다려
함께 춤추는 민낯

외로움,
두려움,
그것과 씨름하는 시간

너
와
나
서로 빛을 향한 처절한
눈
싸
움

어느새 봄

마른 꽃 밑
움트는 새순

누군가는 말라가고
누군가는 피어나고

눈 뜨니
어느새 봄

계절은 흐른다

고개 숙이면 보이는 작은 꽃들
소박했던 봄날은 갔습니다

새벽이면 해맑게 피어나던 꽃봉오리
여름날도 갔습니다

새와 벌이 춤추고 국화 향기 가득하던
가을날도 갔습니다

쏟아지는 눈송이가 모든 것을 덮는
겨울이 왔습니다

싸한 바람 소리 들으며
흐르는 계절을 붙잡아봅니다.

나의 성에 들어오신 분

소심해서
내 사람 쉽게 만들지 못해요
한 번에,
단 한 사람 밖에
품을 수 없어요

대신
아주 오래오래
몰입하여 섬겨요

아무나 나의 성에 들어올 수 없어요
나의 빗장 꼭꼭 닫아놓고
내 사람만 조심스럽게 들여 놓으니

나의 성에 선택되어 들어오신 분
편안하게 먹고 마시고 쉬세요

내 사람 위해
집중할 거예요

선택한 내 사람
그 한 사람만

내 나이 49

왜
떨릴까
49살 정리
시작하려는데

왜
그럴까
나만 이럴까

어디까지가 의식이고
어디까지가 무의식일까

심장이
떨리는 것은
살아 있다는 것

무엇 찾아
이리저리 싸하게
가슴 아플까

그럼

그전엔...

사랑이라는 그것

누군가를 깊이 생각할 때
열정 희망 꿈
몰려와

누군가를 깊이 그리워할 때
서러움 괴로움 고통에
도달아

너는 그의 맘으로
그는 너의 맘으로

스산한 바람타고
깨어있는 자에게 찾아오는
바로 그것

사주에 나오는 나의 성향

불화(火)가 많아
매섭게 돌진하고
자존심이 세고
순발력과 민첩성이 있고
이상실현 욕구가 강하다네

내성적이나
심덕이 좋고
이해심이 좋고
타고난 리더십이 숨겨져 있다네

내면세계에 집착하는 경향이 있어서
사람을 알아보는데 능하다네

때론 너무나 뜨거워 주위를 다 태워버리기도 하고
고독을 즐겨 친구관계를 확장하지는 않지만
그것에 별로 신경 쓰지도 않는다네

이런 사람에게는 마음을 순하고 차분하게 정화해줄
물 수(水) 많은 사람이 필요하다네

물 수(水) 많은 사람!
이런 사람 가까이 하라네.

하나뿐인 외투를 빌려주고 싶은 사람

끌리는 사람은
고뇌하는
침묵하는
아픔이 있는 사람이다

끌어 올릴 수 있다는
확신이 들 때
진솔하게 반응한다

친구가 되거나
비밀의 통로로 만들어
힘을 얻는다

새로운 꿈을 찾아
교회 옆 벌거벗은 슬픈 미하엘의 눈으로
찾아온 사람

망설임 없이
고뇌하는 그 사람에게
하나뿐인 외투를 빌려준다

꿈꾸는 그곳

친밀한 사람에게는 걷자고 해요
걸으면서 나누는 이야기는
마음속에 간직되지요

하루에 서너 시간 산책하고
현실과 세속적인 삶,
진리와 이상에 대해
꿈꾸며 나누고 싶어요

호반시인 콜리지
계관시인 워즈워스
그 누이 도로시가 그랬듯이
걷기의 심장으로 불린 레이크 디스트릭트 같은
그런 곳에서 나머지 삶을 누리고 싶어요

오후엔
잘 가꾸어진 정원을 바라보며
따스한 차 한 잔과 포근한 담소를

저녁엔
소박한 음식과
그윽한 조명 아래
노래하고 춤추고

늦은 밤엔
책 읽고 글을 쓰며
하루를 정리하는
그런 삶을 살고 싶어요

어디에 계시나요?
함께 하고 싶은 분

동화 속으로 걸어간 겨울

억제할 수 없는 감정의 힘
누를 수 없는 혼란함
영혼의 자유로운 분출을 느꼈어

혼자이고 싶었어
엉키어 버린 무엇인가를
찾아가는 길
차곡차곡 해결하고 싶었거든

무엇이 그 무엇이
흔들어 놓았을까
몰입하여 집중해보니
그 끝은 시절 인연임을 알았지

다 때가 있다는 것
그저 가야할 길만
묵묵히 걸어가면 된다는 사실

신중하게 고른 책과 만남 중에
술술 풀릴 해결책이 있었어

나를 스승으로
나를 도반으로
나를 믿는 힘으로
내가 만들어 낸 동화 속으로
홀로 걸어 갈수 있다는 사실을 알게 된 겨울이었어

중용의 의미

중용이란
그때그때의 상황에 가장 적합한
감정을 표현 할 수 있도록
마음의 중심을 잡고 있는 거라네

슬플 때는 가장 슬프게
기쁠 때는 가장 기쁘게
억울할 때는 가장 억울하게
그 감정 있는 그대로
솔직하게 표현하는 거라네

중용이라고
어느 곳에도 치우침 없이
자기감정 감추는 것이 아니라네
그냥 있는 그대로를 드러내는 것이라네

한 사람

그 자리
있어줌으로
존재를 느끼게 해주는 사람

그 자리
있어줌으로
가치를 깨닫게 해주는 사람

그 사람
하나면 됩니다.
흔들리지 않고 지켜봐 주는

나, 가는 날에는

살고 죽는 것
삶 속에 있다
나 보고자 하거든
소박한 일상에서 보라

제 2 부

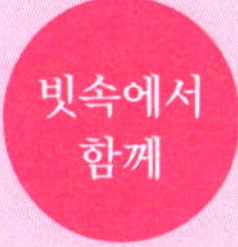

빗속에서 함께

초대장

서늘한 새벽 향기
깊은 침묵의 샛별
그 빛 아래 저 너머
그 너머의 빈터를 찾는
미궁 속에 갇힌 나

살아가는 숭고한 이유
새벽,
매번 보여주는
다채로운 너의 덩굴 향기 속에
이성과 영혼을 녹이는 이 순간

모든 것이 녹아 사라져 버리는
떨림, 파동, 침묵
홀연히 다가오는 너의 숨결
내 삶의 고귀한 선물

혼자 받아들이기 벅찬 이 시간
한번 일어나
다정히 팔짱 끼고 맞이해보자
경이로운 이 세계를

빗속에서 함께

큰 꽃잎에 가려서
숨어 피는 저 꽃
아무도 봐 주는 사람 없어
아까 보고 또 보고 왔네

사람도 이와 같아
보고 또 보아도 질리지 않음은
숨어 피는 것이 더 아름다와

찾아 나서야만
만날 수 있는 널
가던 길 멈추고 지켜본다

꽃잎 속에 있는 너
우산 속에 있는 나
떨어지는 빗속에서
함께 피어나고 싶어라

백일홍

내내
함께 할 수 없어도
빛이 바랜다 하여도

슬픔을 녹이는 따스한 햇빛
가슴을 파헤치는 싸한 바람
포근한 이불 같은 구름 앞에

그리워하고
아픔 숨겨주고
기꺼이 너의 어깨 빌려주어
어린 심장 살아 숨 쉬게 했다면

빼빼 말라버린 너라고
어이 잊을까
내내

쑥부쟁이

여름 끝에 피어나
가을을 데리고 온 떨림
작은 담장 밑에 흐드러지게 피어
지시랭이 소녀를 들뜨게 했다

봄에는 달큰한 나물로
여름 가을에는 하늘 향으로
겨울에는 쌉쌀한 차로
한들거리던 보랏빛을 알았다

이루어질 수 없는 사랑의
슬픈 전설을 가진 너는
꽃말이 그리움과 기다림이라지

차가운 바람 속에
너를 보는
이 밤은
슬프다

광교산의 물봉선

물봉선의 꽃말
나를 건드리지 마세요

하늘 아래 숨어 핀 너를
어찌 건들겠니

그냥
바라보고
지켜볼 거야

있는 그대로
다가올 때까지
느껴질 때까지

철쭉

올 때
갈 때
멈출 때를 모르는

철없는 철쭉
나와 같아라

산수국과 빛

거기
그 자리

넌
겨우내

그대로
기다리고 있었다

강천사, 네게서 온 편지

알 사람은 알 것이다
강천사 새색시 치마 같은 단풍을

알 사람은 알 것이다
강천사 단풍이 황홀하다는 것을

알 사람은 알 것이다
단풍 빛으로 익어가는 순창고추장을

지는 해

지는 해가 아름다운 이유는
모든 것을 다 주고 떠나기 때문이지

황혼은 누구에게나 다 비춰는데
변하는 감정 따라
지는 해도 다르게 보여

칼바람 맞고 나오는
눈 온 뒤 지는 해는
찬란한 마음으로 반짝거리는데……

고운 빛깔

주황
노랑
연두
사랑하는 빛깔

비취색
민트색
연보라
가슴 떨리게 하는 빛깔

이런 빛깔 사람에게도 있어

고요히
집중해서
바라보면

고운 빛깔 보인다, 너만의

오늘도 걷는 이유

멀리 있어도
한번도
함께 있지 않아도

힘들 땐
언제든 나타나
손 잡아준

허공에
호수에
산에

그 자리에 그대로 있는 너

오늘도
힘차게
걷는
이유야

문학은 문학으로 배운다

새로운
다른 길
없을까

어려워
힘들어
외로워
혼자 가는 이 길

눈
아파
시 하나 읽고

눈
감고
어둠 속으로 숨는다

소금바람

바다 향기 불어오는
진해의 꽃길은
함께한 22년 그대로 찍혀
모든 것 기억하는 그대 뒷모습

어깨를 한 번 털고
꼿꼿하게 의연하게
뒤도 돌아보지 않고
걸어가는 모습

배려하는 마음 따라
쓸려온 소금바람
깨어 맡아 봅니다
그대를

❄ 아들을 군에 보내면서

피었다 봄

변산 바람꽃
매화
얼레지
노루귀
복수초
수선화

마른 추운 봄에 피는 꽃

피었네
살며시
어느샌가

어제 만난 매화

추위 속
오돌오돌 떨면서
피는 너는

파들파들 떨고 있는
내 눈에 다가와
보드랍게 인사했지

여린 심장
멈추는 줄 알았어
떨리는 네 맘 다가와

광교산 진달래 군락지

꽃길 따라
한 잎 한 잎
진달래 따먹고 걷는
그 길

뜨는
새벽 해를
바라보며 걷는
그 길

모르는
사이에
훌쩍 올라버린
비탈길의 정상
광교산 진달래 군락지

벚꽃

너,
나의
친구지

나,
네게
폭 빠진 것 같아

너,
나
책임져

제 3 부

착각, 그 덧없음

잡히지 않는 허공의 바람
한낱 미련으로 남아
웃지 못 할 착각 속으로 빠져든다

우연히 확인한 너의 진심
탁아 탁 피어오르는 분노로
온 몸을 불태워 버렸다

놓지 못할 집착의 끈
부끄러운 영혼 되어
찾아오는 하얀 밤을 맞이하고

깨달음과 가치는
쓸쓸히 뭉개지고
그려진 진심은 흩어져버렸다

찰나의 순간,
잃어버린 본모습
슬픔으로 허공 속에 돌며
착각, 그 덧없음을 노래한다.

돌단풍과 이끼

높은 능선 넘어서려 할 때
까마득한 두려움에 휘적거리며
황망히 무너지고 말았다

아득하여 다가가기 어렵고
지쳐 힘들어 막막할 때
고개 숙여 밑을 보았다

오르고 오르면
무엇이 보일까
고개 들고 나갈 때

모든 짐 내려놓고 숙이니
가만히 다가오는 돌 위의 친구
촘촘한 아롱이 무늬와
떨림 속의 보드라운 살갗

담백한 수다에 빠진 이끼와
침묵 속에 가까스로 매달린 돌단풍
산과 구름
하늘의 경계가 없어진 날
희망은 절망을 꼭 끌어안았다.

나이 오십은

이제 두렵지 않다
나이 오십을 감당한다는 것

더 이상 멈칫거리지 않겠어
다가오는 모든 것에

당당하게 느껴 볼 거야
어떤 경우의 수가 던져져도

지친 하루

한 고개 넘으면
또 다른 고개

한 산을 넘으면
또 다른 산

가야 할 길
그냥
묵묵히

아침은
또다시 기어드는데
이렇게

시집

숨고숨고숨고 싶을 땐
쉬고쉬고쉬고 싶을 땐
징징거리고징징거리고 싶을 땐
도망치고도망치고 싶을 땐

말없는 시집이 최고

홀로 낮추어 누워 있는 활자
가슴 저리게 기다린 고독

떨린 가슴으로
휑한 눈으로
허한 손길로
파르르 잡아본다

누운 그는 말없이 일어나
생생한 심장소리 들려준다

어느새,
난 reset 끝.

책상에 앉아

허한 바람 부는
차가운 흰 새벽
나뭇잎은 떨며
고개 숙인다

탁탁
버려지는
구겨진 종이 위

숭숭
빈자리는
되살아난다, 더 또렷하게

가을 끝자락

가을의 끝자락에
떨고 있는
나뭇잎을 바라보았다

끝내
시간에 순응해야만
스스로 갇혀야만 하는
나는

아직도
널 붙잡고 있다
아무것도 할 수 없어,
이렇게

깨달음

말이 멈추는
그 지점에서
보이는
산

어스름 달빛 아래서

친밀함
고요함
다
멀리 있다

어스름 달빛
포실한 기억
막
소곤거리는데

차가운 눈망울
타버린 속마음
딱
거기까지만

구름에 갇힌 달빛 따라

단화에 원피스 입고
불어오는 바람 맞으며
달빛 따라 걷는다

흘린 땀방울에
이 여름 보내면
서늘한 바람 타고
가을 오겠지

가고 오는 것
붙잡을 수 없어
구름에 갇힌 달빛
근심 속에 짙푸르다

하여,
어둠 속
하늘 밑을
숨죽이며 걷는다.

떠나가는 그 자리

죽음 앞에 단장하고
떨어지는 색색은
흩어지는 바람 같아

아쉬워
끝내,
보내지 못하는
집착이여

보드란 새싹으로
성성한 초록으로
함께하던 너는
이제,
다른 세계로 떠나간다

여린 눈빛으로
치장하고 누운 넌
다가올,
빛날 세상

흐르는 가을빛에
앉은 그 자리
다시,
올 것이기에
더 불타오른다

까만 밤에

하느님이 주신 축복은
울 아버지
울 짝꿍

아버지가 주신 축복은
울 형제와 자매

짝꿍이 준 축복은
울 아들과 딸

축복을 감당하는 것
가끔은
넘
힘들어

까만 밤에
잠들 수 없다

혼자 있는 저녁 밤에

생각이 달려 나와
눈에 보이지 않아도
찬찬히 들린다

혼자 있는 지금
더 잘 들리고
더 깊게 파고드는
슬픔

텅 빈
고요 속에 깨어나
홀로
충만해지는 외로움

냉혹함에 갇혀 지켜보는 너를
무한 지지하며 기다린다.

종달새의 비밀

재잘재잘
코코코
프르럭 살짝

가만가만
속삭이는
그들의 이야기

무슨 비밀
들킬까봐
끼리끼리 조곤조곤

감출 것이 있다는 것은
누군가를 마음으로 지켜주고 싶어서겠지

영혼의 주인

고요한
오늘은
축복받은 시간

영혼을
일깨운
자유 찾아

응시하고
지켜본 날

언제든
나는

내
영혼의 주인

적막한 밤 시집과 놀다

나이 듦의 행복은
적막한 밤
시를 읽으면
쉽게 이해된다
옛날보다

화가 나

이맘
저맘

알
수
없
어

화가 나

지금 이곳

책 읽다
눈 아파
아파트 산책하는데

달큰한 향기
살망살망 다가오네

숨쉬기조차
조심스러운
참한 기분

옛 시인의 무릉도원
내게는
지금 이곳

새벽인사

바위에 지긋이 기대
소리 머금고
피어나니

청명지세(清明之世)*
논할 수 있는 자
어디 있는가

여여하게
흘려보낸 침묵은
어디에 닿을 수 있을까

* (清明之世): 어지럽지 않고 맑고 밝은 세계

제4부

선율을 타고

귀와 가슴으로 듣던 선율
촉감을 타고 들려온다

격정이 춤추는 고요
선율 속에 함께 떠도는 밤 그늘
닫아둔 가슴의 떨림을 마주 보고

빌딩 사이의 짙은 가로수
그 머뭇거리는 흔들림 속에
하얀 몸을 맡겨 버렸다

경쾌한 고음의 아리아
잡을 수 없는 피아노 건반 소리
맥없이 픽 쓰러진다
하늘이 푸르스름한 그 밤에

새벽공기

희미한 구름타고
보이지 않는 달과
어김없이 찾아온 너는
아무것도 없는 인생이라
징징거리는 나를 들어주었다

쓰러져 팔딱거리는 가슴에
전해주는 소식은
주어진 것이 덫이 아니라
깊은 언약이라 말한다

맥 풀린 가슴의
고통을 들어주고
투정을 받아주는 너는
소중한 비밀이었다

누구와도 나누지 않고
독차지 할 수 있는
욕심 부려도 거리낌 없는
너는,
내 것

담쟁이

뭐가 있다고
벽을 타고 끝까지
올라가니?

다 오라

아플 때
힘들 때
아무런 생각도 할 수 없이 지쳤을 때

무력함 속에서 다가오는
겸손과 받아들임

다가오는 모든 것
거쳐 가야 할 거라면
받아들이리

다 오라
함께 가리라

젊은 추억이여

같은 하늘 아래
같은 땅 위에
통통거리고 재잘거리고
어디에 있든
기다리고 찾았지요

수녀님은 말했지요
친구 집에 가면 시금치, 조기, 김만 있으면 되어요
시금치 나오는 날은 내 생일
고길 제일 좋아하는 수녀님
청빈을 모토로 하는 수녀원에서는
고길 자주 못 먹는다면서
고기 사주세요라고 말했지요

수녀님 오시는 날에는
고기반찬 해놓고
시금치도 박스로 사다놓을 거예요

추기경님 새로 선출될 때
그 때 주일미사 가야지라고 하니
지금 당장 성당 나가라고 하셨지요
교회 안만 천국, 주님의 나라가 아니랍니다라고
뜨악스럽게 말하고 싶었지만
입술 꼭꼭 물고 참아냈어요
수녀님의 세계를 인정함으로

당신은 사랑과 순수
젊은 추억의 친구이니까요

눈 밝혀 줄 그런 사람

사랑을 나누고 싶을 때
밥 먹자 해요

사랑을 받고 싶을 때
밥 사 달라 해요

밥 먹는 시간은
사랑을 확인하는 시간

그냥 만났다고
아무하고나 밥 먹지 못해요

밥 먹는 시간은
부활하신 예수를 알아보는 시간

밥 먹자 할 때
순순히 따라온 사람 친구 되었고
밥 사달라고 말한 사람 다정한 친구 되었어요

밥 사주고 싶은 사람
밥 사달라고 말할 사람
눈 밝혀 줄 그런 사람
몇 사람 될까요.

꿈꾸는 그곳

꿈꾸는 그곳에는 따뜻한 사람, 맛있는 밥, 편안한 잠자리가 있는 곳이다. 언제나 인정받고, 인정해주는……
3~4시간 걸으면서 자연의 풍요로움에 잠길 수 있는. 밤이면 함께 모여 소박한 식사를 하고 책을 읽고 생각을 풀어 놓을 수 있는 곳. 세 사람만 주변에 더 있으면 좋겠다. 역사를 많이 아는 철학적인 자, 사회현상을 꿰뚫은 정치적인 자, 노래 잘 부르는 실존적인 경제인.

시인 친구와 나

들려온다
차분한 전화음성

공들여 모은 시간
시가 나오는 통로

바람소리
별님소리
연필 깎는 소리

들려온다
떨리는 마음 모아
시 짓는 소리

먼저

먼저 전화하지 않기
먼저 미안하다 않기
먼저 사과하지 않기

여러 번
여러 번
다짐합니다

이번만은
이번만은
손해 보지 않기

하지만
또다시
내가 먼저
내가 먼저

이제는 너의 세상

사랑과 우정은 열정으로 시작해서
헌신하고 친밀감으로 편안해지지

솟아나는 열정은 길어야 2년
보고 싶고
듣고 싶고
함께 있고 싶고
다 보여주고 싶은

헌신은 깊이 알아야 가능해
신중하게 관찰하고 지켜봐야
무엇을 원하는지 줄 수 있으니

친밀감은 공유된 시간과 공간의 거리
함께 걷고 함께 보고
출렁거리며 지새우는

사랑과 우정은
열정과 헌신과 친밀감
수고롭고 포기하고 싶은 마음
때로는 괘씸한 생각이 들기도 해

하지만
포기하지 마!
어느 누구도 빼앗을 수 없는
찬란한 보석을 한 개씩 모을 수 있거든

이제는 너의 세상
주저하지 마!
열정이 생기거든
헌신과 친밀감으로
너의 사람 만들기를

산 오르다

한 발 한 발
올라가는 그곳
꿈꾸는 피안

숨 고르고
평온의 숲 지나면
아늑한 평탄 길

피어오른
잔잔한 기쁨에
명료해진 나의 길

오늘도
내일도
묵묵히 산 오르다

안개 숲

휘어 내린 마음 따라
산세 따라 개울 따라
갇혀버린 솔숲 따라
멀리 보이는 안개 숲은
걷다보면 열린다

취해 걷는 작은 마음에
숲의 향기 밟히고
홀로 걸어가야만 열리는
안개 숲은
가던 길 앞에
싱숭생숭 서있다

커피 향에 이끌려

스산한 노을 보며
커피콩 볶는 향에

홀연히 이끌려 들어간
한적한 시골 카페

싸늘한 정신
커피 향 빌려 다잡고

가슴으로
깊게 들여 마시는
그리움

다 태워

다 태워 재가 되고 싶습니다
재가 되어 흩뿌려져
배추라도 무우라도 키운다면

내님 지나칠 때
막걸리에 김치라도 드신다면
날 알아볼 수 있을까요

울컥

나를 가장 잘 아는 그녀
학교 가는 길에 만나자 한다
지하철역에서 잠시만

작고 예쁜 것을 좋아하는 그녀
추운 아침에 달려와 커피숍 탁자위에
아기자기한 선물을 쏟아 놓는다

내게 주고 싶다고
사양해도 사양해도
자기도 좋아하는 것만 밀어 놓는다

추운 아침 마음 한구석
올라오는 뜨거움으로
다시, 울컥

수덕사

새벽 고요의 차가운 바람 소리
한 발 한 발 오르는 외로운 1080 계단

숨소리 죽이고 올라
마주하는 암자의 고요

작은 문 아련히 바라보며
엉켜 감추어진 끈 하나씩 풀어놓고

칼바람 맞으며 산 정상에 서서
수덕사의 적막함에 잠겨든다

던져볼까 이 아픔

아픔을
함께 공유하는 것은

한 사람 지켜주는 마지막 배려

상한 맘을 위로하는 그리움

지켜 줄 수 없는 마음에 뼈와 살이 삭아드는 괴로움

볼그래한 황혼 속의 염려

날려 보낼 듯이 부는 광풍 속에서의 기다림

쉬지 않고 부서지는 파도에
던져볼까, 이 아픔

.

.

.

.

.

.

나중에 나중에도
그대로 살아나려나, 이 아픔

백운대는 북한산의 주봉

화강암 돌 벽 수줍은 노랑제비꽃
불처럼 솟은 봉우리를 바라보고

연노란 생강나무와 키 큰 진달래
계곡 옆에 산들거린다

백운대 화강암 속에서
꿋꿋하게 자라는 소나무
결연한 마음 모아 아찔한 암벽을
다잡고 기어 올라간다

휘몰아치는 바람은
애달픈 세월 담아
삼켜버릴 듯이 고도(古都)를
휘감고 돌고 도는데......

백운대는 북한산의 주봉

서두르지 마, 친구야

그냥
그 마음
유유히
흐르는 것

그냥
그 마음
그윽하게
보살피는 것

그냥
그 마음
오롯이
지켜보는 것

서두르지 마, 친구야

접시꽃

그렇게 흐드러지게
그렇게 하루만에
그렇게 화들짝
피어났니

어떡해
나,
니 옆에서만
앉아 있고 싶거든

푹 우욱
그 자리에

돌아오지 못할 그 시간

감당하기 힘든 고통은
하느님의 축복이라고
그것을 뛰어넘을 능력을
동시에 주신다고 했습니다

조용히 서 있어보라
고요히 세밀하게 지켜보라
차분히 그 떨림 느껴보라

경계를 지키는 것
절제를 하는 것
다시는 돌아오지 못할
미혹한 곳에서 떠나는 것

혼자 감당하며 가야 할 나의 길
새롭게 열어갈 무거운 문입니다.

시인의 말

나이 49, 나를 찾고 싶었습니다. 존재 의미와 세상에 태어난 이유 등. 아무것도 할 수 없이 그저 나이만 먹어온 나 자신을 발견하고 그 초라함에 몸을 떨었습니다. 나 자신을 찾고 싶었습니다. 새벽 2~3시면 일어나 '나를 발견하는 글'을 썼습니다.

한 친구의 질문, "너의 첫사랑은 누구였니?" 그 말 한마디로 시작된 어린 시절 돌아보기, 내가 살아온 삶, 나의 현실문제, 나의 채워지지 않는 욕구 등등...... 감당해야 할 것은 많았습니다. 용기 내어 sns에 글을 쓰기 시작했습니다. 쓰면 쓸수록 나를 찾아가는 실마리가 따라 나왔습니다. 그 과정에서 시(詩)라는 도구를 이용하였습니다.

가까이에 두고 시를 읽었습니다. 낯설고 부끄럽지만 낙서하듯이 종이를 채웠습니다. 구겨지고 팽개쳐진 종이 위에 나의 삶을 다시 그렸습니다. 나의 생활 속에서, 일상의 소소한 만남에서 나온 기록입니다.

보잘것없는 글이지만, 따뜻하고 성실하게 댓글을 달아 준 친구. 글 쓰는 소질이 없다고 그만두려고 했을 때, 진실함이 최고라면서 다독여준 친구. 언제든지 마음으로 지지해준 나의 가족. 진심으로 감사합니다.

이 책에 쓰인 시는 더 이상 내 소유물이 아닙니다. 나의 시가 어느 한 사람이라도 마음 따뜻하게 해준다면, 어느 한 사람의 마음이라도 다독여준다면 좋겠습니다.

따뜻한 울림의 시

김현경(시인)

친구와 저의 나이 차이는 13세. 우리는 만났고, 친구가 되었습니다. 친구는 어린 시절의 아버지와 유학 시절에 만난 MARY수녀님을 통해 소통방법을 배웠습니다. 그리고 저는 친구를 통해서 우리의 소통방법을 배웠습니다.

이정지 시인은 첫 시집 『휘어짐의 일상』을 출판하였습니다. 친구의 시를 읽으니 마음이 편안합니다. 친구가 곁에서 '괜찮아, 애썼어.'라고 말해주는 듯합니다. 긍정적인 눈빛, 포근한 웃음. 한없이 부드럽지만 당당한 친구. 『휘어짐의 일상』이란 제목이 그런 친구와 잘 어울립니다. 친구의 시는 간결합니다. 사람과 자연을 노래하는 시어들이 모여 서정을 이룹니다. 그 시들이 모여 시인 '이정지'가 어떤 사람인지를 알게 합니다.

천년을 버티어
숲을 이룬 것은
휘어짐의 일상

꺾여지고 굽어져
쓰러질 듯한 부끄러움
항시 다잡고 있다.

-「소나무의 속삭임」 전문 -

친구는 일상의 다양한 삶 속에서 시의 숲을 이루고 있습니다. 소나무가 천년을 버티어 온 힘은 비바람, 거센 눈에도 꺾이지 않고 휘어졌기 때문이겠죠. '쓰러질 듯이 부끄럽지만 항상 다잡고 있는' 소나무의 모습에서 강한 내면을 힘을 지닌 친구를 봅니다. 휘어지나 꺾이지 않은 채 천 년을 버티어 숲을 이룬 소나무는 바로 친구의 바람이겠지요?

세상에서
제일 귀한 꽃
방긋방긋 인(人)꽃
아장아장 아기 꽃

어떤 꽃이 예쁘냐고 묻는다면
당연히 인(人)꽃
아장아장 아기 꽃

-「아기 꽃」에서 -

친구는 아이를 참 예뻐합니다. 내 아이의 아기 사진을 보내면 오히려 친구가 더 아기 같이 웃었습니다. 「아기꽃」에서 아기는 엄마 손을 놓고 방긋방긋 웃으며, 아장아장 혼자 걸어 다니고 있습니다. '제일 빛나는 사람 꽃'은 바로 아기 꽃이네요. 단어 '꽃'의 반복이 가슴에 별처럼 쏟아집니다. 마치 아기들이 남겨놓은 발자국 같습니다.

큰 꽃잎에 가려서
숨어 피는 저 꽃
아무도 봐 주는 사람 없어
아까 보고 또 보고 왔네

사람도 이와 같아
보고 또 보아도 질리지 않음은
숨어 피는 것이 더 아름다워

찾아 나서야만
만날 수 있는 널
가던 길 멈추고 지켜본다

꽃잎 속에 있는 너
우산 속에 있는 나
떨어지는 빗속에서
함께 피어나고 싶어라

-「빗속에서 함께」 전문 -

친구는 제가 만난 사람 중에 꽃을 제일 좋아하는 분입니다. 지난 가을, 친구는 저희 집에 노란 국화꽃을 담은 꽃병을 놓고 갔습니다. 오랫동안 친구의 향기를 맡았지요. 지나가다가도 꽃만 보면 한참을 멈추던 친구. 그래서인지 친구의 시집에는 꽃에 관한 시가 많습니다. 산수국, 매화, 진달래, 벚꽃...... 사계절에 피는 꽃들을 놓치고 싶지 않은 당신입니다. 「 빗속에서 함께 」는 어느 시보다 친구의 내면이 잘 드러납니다. 시인은 큰 꽃잎에 가려져서 보아줄 이 없는 꽃을 지나치지 못하고 지켜보고 있습니다. 숨어 핀 꽃이 비에 젖을까 시인은 우산 속으로 꽃을 들입니다. 두 생명은 비의 축복 속에서 함께 피려합니다. 저 혼자 피어 친구를 기다리는 꽃은 사람과 대유를 이루고 있습니다. 시인의 마음은 이미지를 통해 자연스럽게 드러나 고 있습니다. 꽃을 통해 사람에 대한 시인의 철학이 드러난 시입니다.

그 자리
있어줌으로
존재를 느끼게 해주는 사람

그 자리
있어줌으로
가치를 깨닫게 해주는 사람

그 사람
하나면 됩니다
흔들리지 않고 지켜봐 주는

-「한 사람」 전문 -

한 사람. 친구는 늘 말했습니다. 한 사람에게 집중한다고요. 친구를 만날 때, 친구의 시선은 고정되어 반짝입니다. 이야기를 들을 때면 깊은 공감을 해줍니다. 곁에서 이야기를 들어주는 것만으로도 '존재를 느끼게 해주는 사람 /가치를 깨닫게 해주는 사람/그런 사람 한 명을 기다리고/그런 사람이 되려는 친구의 마음'이 그대로 전해지는 시입니다. '그 자리 /있어줌으로/ 존재를 느끼게 해주는 사람'처럼 간결한 시어와 문장의 반복은 '그 사람/ 하나면 됩니다/ 흔들리지 않고 지켜봐 주는' 그 한 사람으로 마무리 됩니다. 차분한 어조이지만 사람을 신뢰하는 시인의 단호한 믿음이 뚜렷하게 와 닿습니다.

그냥
그 마음
유유히
흐르는 것

그냥
그 마음
그윽하게
보살피는 것

그냥 그 마음
오롯이 지켜보는 것

서두르지 마, 친구야.

- 「서두르지 마, 친구야」 전문 -

친구의 시는 참 신기합니다. 분주했던 하루를 마무리하면서 허탈감으로 지칠 때가 있습니다. 그럴 때 어떤 수식어와 상징이 있는 시보다 친구의 편안한 말투가 담겨있는 시가 저를 위로해 주었습니다. 친구의 시에는 시인의 평소 말투가 시가 되어 나옵니다. 이 시도 마치 친구가 옆에서 '서두르지마/ 친구야'라고 저를 토닥여주는 듯합니다.

어려워
힘들어
외로워
혼자 가는 이 길

눈
아파
시 하나 읽고

눈
감고
어둠 속으로 숨는다.

-「문학은 문학으로 배운다」 전문 -

항상 책과 함께하는 친구의 모습이 그려집니다. 친구는 매일 새벽에 일어나 꽃들에게 물을 준 후, 책을 읽고, 한 편의 글을 씁니다. 하루도 빠지지 않고 읽고 쓴다는 것은 정말 어려운 일입니다. '혼자 가는 이 길'이지만, 시 한편 속에 세계를 담으려는 시인의 노력이 그대로 전해집니다.

바위에 지긋이 기대
소리 머금고
피어나니

청명지세(淸明之世)
논할 수 있는 자
어디 있는가

어여하게
흘려보낸 침묵은
어디에 닿을 수 있을까
- 「새벽인사」 전문 -

『휘어짐의 일상』 시집은 친구의 순수한 내면이 그대로 담겨 있는 '친구의 모습' 그대로 입니다. 사람을 소중하게 여기고, 자연을 사랑하며 문학을 아끼는 당신. 친구의 선한 내면을 알기에 친구의 시는 더욱 따뜻합니다. 시의 간결함에는 시인의 인생철학이 담겨있습니다. 꾸밈이 없는 소박한 시어에는 위로가 전해지는 놀라운 힘이 있습니다.

시인 이정지. 사랑하는 내 친구.
'친구는 스승 같고, 스승은 친구 같아야 한다.'는 말을 좋아하는 당신. '그런 친구, 그런 스승이 되고 싶다.'는 친구가 참 좋습니다.

이제는 친구 같은 스승처럼, 함께 시인의 길을 걸어가고 싶습니다. 친구의 시가 많은 사람들의 내면에 따뜻한 울림으로 전해지길 바랍니다.

2016. 12. 첫눈이 내린 날

당신의 선한 인연
김현경 드림